O SEGUNDO OLHAR

Mario Quintana

O SEGUNDO OLHAR

ANTOLOGIA

organização
João Anzanello Carrascoza

Copyright © 2018 by Elena Quintana de Oliveira

Copyright © 2018 by João Anzanello Carrascoza

Grafia atualizada segundo o Acordo Ortográfico da Língua Portuguesa de 1990, que entrou em vigor no Brasil em 2009.

CAPA: Rico Lins

PROJETO GRÁFICO: Rico Lins e Julieta Sobral

REVISÃO: Thaís Totino Richter, Nina Rizzo e Huendel Viana

Grafismos da capa e miolo criados à partir da assinatura do autor.

Nos casos dos poemas retirados dos livros *Espelho mágico* e *A rua dos cataventos*, optamos por cortar a numeração sequencial dos títulos.

Dados Internacionais de Catalogação na Publicação (CIP)
(Câmara Brasileira do Livro, SP, Brasil)

Quintana, Mario, 1906-1994
    O segundo olhar : antologia / Mario Quintana ; organização João Anzanello Carrascoza. — 1ª ed. — Rio de Janeiro : Alfaguara, 2018.

    ISBN 978-85-5652-069-2

    1. Antologia 2. Poesia brasileira I. Carrascoza, João Anzanello II. Título.

18-15181   CDD-869.1

Índice para catálogo sistemático:
1. Poesia : Literatura brasileira   869.1
Iolanda Rodrigues Biode — Bibliotecária — CRB-8/10014

4ª reimpressão

Todos os direitos desta edição reservados à
EDITORA SCHWARCZ S.A.
Praça Floriano, 19, sala 3001 — Cinelândia
20031-050 — Rio de Janeiro — RJ

Telefone: (21) 3993-7510
www.companhiadasletras.com.br
www.blogdacompanhia.com.br
facebook.com/editora.alfaguara
instagram.com/editora_alfaguara
twitter.com/alfaguara_br

Eu estava dormindo e me acordaram
E me encontrei, assim, num mundo estranho e louco...
E quando eu começava a compreendê-lo
Um pouco,
Já eram horas de dormir de novo!

APONTAMENTOS DE HISTÓRIA SOBRENATURAL

As únicas coisas eternas são as nuvens...

SAPATO FLORIDO

O SEGUNDO OLHAR DE UM NATIVO DA TREBIZONDA

No poema "As coisas", Mario Quintana afirma que há na Natureza um encanto sobrenatural, só possível de ser captado se lhe lançamos um segundo olhar. Sempre vistas de relance, ou mesmo se percebidas num olhar de primeira vez, essas coisas, tão logo passe o espanto que nos causam por ensejarem o novo, vão se tornando comuns, perdendo a beleza e a aura de mistério, retiradas (em verdade) pela visão automatizada, da qual mesmo os observadores mais argutos, como os poetas, não estão isentos.

O lirismo singular de Mario Quintana, e os demais vetores de sua poética, como o humor, a crítica de costumes, a concepção metafísica (muito particular) da existência, advêm desse seu segundo olhar para o cotidiano, a infância, o amor, a cidade e o mundo, a vida humana e a própria poesia. Não por acaso, Quintana vê no vento o pastor das nuvens, no tempo a insônia da eternidade, na letra K a forma similar à de um caminhante, em seu ofício a mania de "passarinhar", enquanto outros poetas vivem apenas de "passar" (por seguirem as modas literárias). Quintana não verá na pedra um obstáculo no caminho, para não esquecê-lo, como Drummond, a quem admirava tanto quanto Manuel Bandeira e Cecília Meireles, mas para se lembrar, como se dá no poema "Anotação de um diário", no qual ele se flagra como o único homem a pensar numa solitária pedra de Calcutá. Quem se importaria com ela? Só mesmo quem é capaz de lhe dirigir um segundo olhar, movendo-a do universo rotineiro, previsível, saturado, para a esfera rara, inesperada e ressignificativa da poesia. Aliás, os cantos poéticos de Quintana são, por ele mesmo definidos, "quintanares" e, não hesitamos em dizer, os quintanares são pinturas materializadas pelas palavras resultantes de um segundo olhar.

Essa chave interpretativa nos abriu o desejo, seguido de seu correspondente desafio, de buscar, por meio de um segundo olhar, uma forma de organizar os poemas de Quintana aqui enfeixados, que resultassem numa espécie de "novo" livro do poeta, guiado por uma lógica intrínseca, presente em sua obra e ainda não de todo explorada em uma antologia. Assim, é essencial recordarmos as principais iniciativas precedentes de reunião de seus poemas: a primeira (e premiada) antologia poética de Mario Quintana, organizada em 1966 por Rubem Braga e Paulo Mendes Campos, segue o corte cronológico, incorporando as obras do poeta até então publicadas, desde a sua estreia com *A rua dos cataventos* (1940) até *Inéditos e esparsos* (1953). Já na própria "antologia pessoal", de 1981, quando sua obra já ganhara maior vulto, somando a publicação do extenso *Caderno H* (1973), *Apontamentos de história sobrenatural* (1976), *A vaca e o hipogrifo* (1977) e *Esconderijos do tempo* (1980), Mario Quintana optou por uma seleção diferente, preferindo lhe dar unidade pela dispersão. O poeta se vale de um poema de seu *Caderno H* como epígrafe, procedimento que se repete em outras de suas obras e que plasmamos, deixando translúcido o seu método ordenador: "É melhor se poderia dizer dos poetas o que disse dos ventos Machado de Assis: 'A dispersão não lhes tira a unidade, nem a inquietude a constância'".

Anos depois, duas novas antologias poéticas surgem: uma organizada por Walmir Ayala (1989) e outra por Sérgio Faraco (1997), e, mais adiante, vem a público a reunião *Mario Quintana: 80 anos de poesia*, organizada por Tânia Franco Carvalhal, em comemoração ao centenário do poeta (1906-2006), todas contemplando, em ordenação cronológica, as características distintivas da obra do poeta.

Em mais recente recolha de poemas de Quintana, *Poemas para ler na escola* (2012), Regina Zilberman adota o agrupamento temático ("O poeta e a sociedade", "A cidade e sua gente", "A natureza" etc.), estrutura que também costuma vertebrar a organização de textos de um mesmo autor. Configuração, por exemplo, da antologia que o próprio Drummond preparou com os seus poemas em 1962 (amalgamados em seções como "O indivíduo", "A terra natal", "A família" etc.).

Guiados por esse segundo olhar sobre toda a obra poética de Quintana, ou seja, observando com atenção não mais o esparso, que permite inegavelmente belas e harmônicas combinações, mas o possível de ser agregado pela sutura da correção entendida como uma sequência em reto caminho, já predita por Quintana no poema "Cortar", quando propõe qualificar uma futura seleção de suas obras completas com a síntese "nova edição, correta e diminuída". Convém, pois, realçar que essa maneira de dispormos seus poemas no estuário de um livro não é alheia ao poeta, mas, ao contrário, também o orientou na composição de algumas de suas obras inaugurais (*Canções* e *A rua dos cataventos*), intermediárias (*Esconderijos do tempo* e *Preparativos de viagem*) e derradeiras (*A cor invisível* e *Velório sem defunto*), não obstante seus volumosos livros (e, talvez, por isso mesmo, pela quantidade de poemas e complexidade de lhes dar unidade) articulados por certa "desordem" (*Caderno H, A vaca e o hipogrifo, Da preguiça como método de trabalho*). Prova, inclusive, desse traço de seu processo criativo é o fato de, apesar de montar a própria antologia dos anos 1980 pela dispersão, ou pela "lírica desarrumação" (expressão por ele mesmo criada no poema "Algumas variações sobre um mesmo tema"), Quintana a ter iniciado com "Aula inaugural", e, ao longo de sua seleta, ter colocado lado a lado poemas que se comunicam como "Canção do amor imprevisto" e "Canção dos romances perdidos", entre muitos outros exemplos de conectivos de organicidade.

Isto posto, buscamos enraizar esta nossa reunião unicamente

no caráter lírico de sua produção, o mais marcante (tanto quanto o humor), nomeando a antologia da forma como Quintana já o havia pressentido no poema "Epígrafe para uma antologia lírica", com o qual, inclusive, a iniciamos. A partir desse eixo de coesão, fomos enlaçando os poemas como se o poeta estivesse escrevendo uma "nova obra", partindo da epígrafe, depois, na ordem normal de feitura de um livro, a dedicatória, o prefácio, a paginação, e daí em diante até o "Último poema", que o encerra. Sempre procurando compor um caminho em linha do começo do dia e da vida para o seu fim, como, por exemplo, apondo depois de "Canção de garoa", de *Canções* (1946), o "Pequeno poema de após chuva", de *Baú de espantos* (1986), ou inserindo o poema "O adolescente", de *Apontamentos de história sobrenatural* (1976), junto a "A adolescente", de *Preparativos de viagem* (1987), ou o poema "Da morte", de *Espelho mágico* (1951), antes de "Quando eu morrer e no frescor de lua...", de *A rua dos cataventos* (1940), além de outros tipos de elos como, por exemplo, atar em sequência os poemas "A carta", "Bilhete a Heráclito" e "Epístola aos novos bárbaros".

Também, seguindo o hábito de Quintana, optamos aqui ou ali por atar os poemas, como ele o fazia, propondo certo diálogo. Assim, unimos o poema "Guerra", de *Apontamentos de história sobrenatural* (1976), a "Paz", de *A vaca e o hipogrifo* (1977), "Amor" a "Amizade", ambos já vizinhos no *Caderno H* (1973), "Noturno", de *Velório sem defunto* (1990), a "Noturno II", de *Baú de espantos* (1986), entre outras disposições em dupla.

Pautados igualmente pelo humor (oriundo do segundo olhar) de Quintana, procuramos, de propósito, traçar algumas curvas nesse itinerário, aprendendo a lição que o poeta nos deu ao escrever que toda linha reta é uma "linha sem imaginação". Há várias volutas, entre um poema e outro, ao longo desta antologia, que poderíamos apontar nessa apresentação, mas esperamos que o leitor, por si mesmo, encontre-as e sinta o efeito de sua força centrífuga. Para isso é preciso fazê-lo com esse segundo olhar próprio dos poetas e daqueles que, se não são nativos do país da Trebizonda, onde vivem os loucos, os mortos e as crianças, acabam por conhecê-lo ao ler os poemas de seu descobridor, Mario Quintana.

João Anzanello Carrascoza

EPÍGRAFE PARA UMA ANTOLOGIA LÍRICA

Amor, quantos crimes se cometem em teu nome!

DA ARTE DE ESCREVER

O mais difícil da arte de escrever é quando temos de redigir as dedicatórias.

DEDICATÓRIA

Quem foi que disse que eu escrevo para as elites?

Quem foi que disse que eu escrevo para o bas-fond?

Eu escrevo para a Maria de Todo o Dia.

Eu escrevo para o João Cara de Pão.

Para você, que está com este jornal na mão...

E de súbito descobre que a única novidade é a poesia,

O resto não passa de crônica policial — social — política.

E os jornais sempre proclamam que "a situação é crítica"!

Mas eu escrevo é para o João e a Maria,

Que quase sempre estão em situação crítica!

E por isso as minhas palavras são quotidianas como o pão

[nosso de cada dia

E a minha poesia é natural e simples como a água bebida na

[concha da mão.

PROJETO DE PREFÁCIO

Sábias agudezas... refinamentos...

— não!

Nada disso encontrarás aqui.

Um poema não é para te distraíres

como com essas imagens mutantes dos caleidoscópios.

Um poema não é quando te deténs para apreciar um detalhe

Um poema não é também quando paras no fim,

porque um verdadeiro poema continua sempre...

Um poema que não te ajude a viver e não saiba preparar-te para

[a morte
não tem sentido: é um pobre chocalho de palavras!

DA PAGINAÇÃO

Os livros de poemas devem ter margens largas e
muitas páginas em branco e suficientes claros nas páginas
impressas, para que as crianças possam enchê-los de desenhos
— gatos, homens, aviões, casas, chaminés, árvores, luas,
pontes, automóveis, cachorros, cavalos, bois, tranças,
estrelas — que passarão também a fazer parte dos poemas...

DA SABEDORIA DOS LIVROS

Não penses compreender a vida nos autores.

Nenhum disto é capaz.

Mas, à medida que vivendo fores,

Melhor os compreenderás.

TRISTEZA DE ESCREVER

Cada palavra é uma borboleta morta espetada na página:

Por isso a palavra escrita é sempre triste...

OS POEMAS

Os poemas são pássaros que chegam

não se sabe de onde e pousam

no livro que lês.

Quando fechas o livro, eles alçam voo

como de um alçapão.

Eles não têm pouso nem porto

alimentam-se um instante em cada par de mãos

e partem.

E olhas, então, essas tuas mãos vazias,

no maravilhado espanto de saberes

que o alimento deles já estava em ti...

AS COISAS

O encanto

sobrenatural

que há

nas coisas da Natureza!

No entanto, amiga,

se nelas algo te dá

encanto ou medo,

não me digas que seja feia

ou má,

e, acaso, singular...

E deixa-me dizer-te em segredo

um dos grandes segredos do mundo:

— Essas coisas que parece

não terem beleza

nenhuma

— é simplesmente porque

não houve nunca quem lhes desse ao menos

um segundo

olhar!

ELEGIA

Há coisas que a gente não sabe nunca o que fazer com elas...

Uma velhinha sozinha numa gare.

Um sapato preto perdido do seu par: símbolo

Da mais absoluta viuvez.

As recordações das solteironas.

Essas gravatas

De um mau gosto tocante

Que nos dão as velhas tias.

As velhas tias.

Um novo parente que se descobre.

A palavra "quincúncio".

Esses pensamentos que nos chegam de súbito nas ocasiões

[mais impróprias.

Um cachorro anônimo que resolve ir seguindo a gente pela

[madrugada na cidade deserta.

Este poema, este pobre poema

Sem fim...

O POETA COMEÇA O DIA

Pela janela atiro meus sapatos, meu ouro, minha alma ao

[meio da rua.

Como Harum-al-Raschid, eu saio incógnito, feliz de

[desperdício...

Me espera o ônibus, o horário, a morte — que importa?

Eu sei me teleportar: estou agora

Em um Mercado Estelar... e olha!

Acabo de trocar

— em meio aos ruídos da rua

alheio aos risos da rua —

todas as jubas do Sol

por uma trança da Lua!

DA PERFEIÇÃO DA VIDA

Por que prender a vida em conceitos e normas?

O Belo e o Feio... o Bom e o Mau... Dor e Prazer...

Tudo, afinal, são formas

E não degraus do Ser!

Escrevo diante da janela aberta.

Minha caneta é cor das venezianas:

Verde!... E que leves, lindas filigranas

Desenha o sol na página deserta!

Não sei que paisagista doidivanas

Mistura os tons... acerta... desacerta...

Sempre em busca de nova descoberta,

Vai colorindo as horas quotidianas...

Jogos da luz dançando na folhagem!

Do que eu ia escrever até me esqueço...

Pra que pensar? Também sou da paisagem...

Vago, solúvel no ar, fico sonhando...

E me transmuto... iriso-me... estremeço...

Nos leves dedos que me vão pintando!

Na minha rua há um menininho doente.

Enquanto os outros partem para a escola,

Junto à janela, sonhadoramente,

Ele ouve o sapateiro bater sola.

Ouve também o carpinteiro, em frente,

Que uma canção napolitana engrola.

E pouco a pouco, gradativamente,

O sofrimento que ele tem se evola...

Mas nesta rua há um operário triste:

Não canta nada na manhã sonora

E o menino nem sonha que ele existe.

Ele trabalha silenciosamente...

E está compondo este soneto agora,

Pra alminha boa do menino doente...

O MENINO E O MILAGRE

O primeiro verso que um poeta faz é sempre o mais belo porque toda a poesia do mundo está em ser aquele o seu primeiro verso...

ANOTAÇÃO PARA UM POEMA

As mãos que dizem adeus são pássaros

Que vão morrendo lentamente

PEQUENO POEMA DIDÁTICO
Para Liane dos Santos

O tempo é indivisível. Dize,

Qual o sentido do calendário?

Tombam as folhas e fica a árvore,

Contra o vento incerto e vário.

A vida é indivisível. Mesmo

A que se julga mais dispersa

E pertence a um eterno diálogo

A mais inconsequente conversa.

Todos os poemas são um mesmo poema,

Todos os porres são o mesmo porre,

Não é de uma vez que se morre...

Todas as horas são horas extremas...

E todos os encontros são adeuses!

DO BELO

Nada, no mundo, é, por si mesmo, feio.

Inda a mais vil mulher, inda o mais triste poema,

Palpita sempre neles o divino anseio

Da beleza suprema...

O IMAGISTA

Arte participante? Nem a dos cartazes! A beleza de um cartaz independe do que anuncia.

A vida não passa de um livro de figuras, para o verdadeiro artista.

E até na poesia (que muitos julgam apenas um desfrute sentimental e outros um jogo do intelecto), até na poesia, se lhe tiram as imagens — que é que sobra? Não sobra nem a alma!

BILHETE

Se tu me amas, ama-me baixinho

Não o grites de cima dos telhados

Deixa em paz os passarinhos

Deixa em paz a mim!

Se me queres,

enfim,

tem de ser bem devagarinho, Amada,

que a vida é breve, e o amor mais breve ainda...

DO ESTILO

Fere de leve a frase... E esquece... Nada

Convém que se repita...

Só em linguagem amorosa agrada

A mesma coisa cem mil vezes dita.

DA CONDIÇÃO HUMANA

Se variam na casca, idêntico é o miolo,

Julguem-se embora de diversa trama:

Ninguém mais se parece a um verdadeiro tolo

Que o mais sutil dos sábios quando ama.

A BEM-AMADA NA PRAIA

Sua bundinha

Deixou na areia

A forma exata

De um coração...

SEMPRE

Sou o dono dos tesouros perdidos no fundo do mar.

Só o que está perdido é nosso para sempre.

Nós só amamos os amigos mortos

E só as amadas mortas amam eternamente...

EU QUERIA TRAZER-TE UNS VERSOS MUITO LINDOS

Eu queria trazer-te uns versos muito lindos

colhidos no mais íntimo de mim...

Suas palavras

seriam as mais simples do mundo,

porém não sei que luz as iluminaria

que terias de fechar teus olhos para as ouvir...

Sim! uma luz que viria de dentro delas,

como essa que acende inesperadas cores

nas lanternas chinesas de papel.

Trago-te palavras, apenas... e que estão escritas

do lado de fora do papel... Não sei, eu nunca soube

o que dizer-te

e este poema vai morrendo, ardente e puro, ao vento

da Poesia...

como

uma pobre lanterna que incendiou!

DO AMOROSO ESQUECIMENTO

Eu, agora, — que desfecho!

Já nem penso mais em ti...

Mas será que nunca deixo

De lembrar que te esqueci?

DA INFIEL COMPANHEIRA

Como um cego, grita a gente:

"Felicidade, onde estás?"

Ou vai-nos andando à frente...

Ou ficou lá para trás...

MONOTONIA

É segundo por segundo

Que vai o tempo medindo

Todas as coisas do mundo

Num só tic-tac, em suma,

Há tanta monotonia

Que até a felicidade,

Como goteira num balde,

Cansa, aborrece, enfastia...

E a própria dor — quem diria? —

A própria dor acostuma.

E vão se revezando, assim,

Dia e noite, sol e bruma...

E isto afinal não cansa?

Já não há gosto e desgosto

Quando é prevista a mudança.

Ai que vida!

Ainda bem que tudo acaba...

Ai que vida tão comprida...

Se não houvesse a morte, Maria,

Eu me matava!

LIRA I

Com a linha da saudade

Teresa borda o meu nome

E Maria o vai cortando

Com a tesoura do desprezo!

CANÇÃO DE VIDRO

E nada vibrou...

Não se ouviu nada...

Nada...

Mas o cristal nunca mais deu o mesmo som.

Cala, amigo...

Cuidado, amiga...

Uma palavra só

Pode tudo perder para sempre...

E é tão puro o silêncio agora!

CANÇÃO PARA UMA VALSA LENTA

Minha vida não foi um romance...

Nunca tive até hoje um segredo.

Se me amas, não digas, que morro

De surpresa... de encanto... de medo...

Minha vida não foi um romance,

Minha vida passou por passar.

Se não amas, não finjas, que vivo

Esperando um amor para amar.

Minha vida não foi um romance...

Pobre vida... passou sem enredo...

Glória a ti que me enches a vida

De surpresa, de encanto, de medo!

Minha vida não foi um romance...

Ai de mim... Já se ia acabar!

Pobre vida que toda depende

De um sorriso... de um gesto... um olhar...

CANÇÃO DO DIA DE SEMPRE
Para Norah Lawson

Tão bom viver dia a dia...
A vida, assim, jamais cansa...

Viver tão só de momentos
Como essas nuvens do céu...

E só ganhar, toda a vida,
Inexperiência... esperança...

E a rosa louca dos ventos
Presa à copa do chapéu.

Nunca dês um nome a um rio:
Sempre é outro rio a passar.

Nada jamais continua,
Tudo vai recomeçar!

E sem nenhuma lembrança
Das outras vezes perdidas,

Atiro a rosa do sonho
Nas tuas mãos distraídas...

ESSES ETERNOS DEUSES...
Para Liane dos Santos

Os deuses não sabem apanhar o momento esvoaçante

como quem aprisiona um besouro na mão,

não sabem o contacto delicioso, inquietante

do que — só uma vez! — os dedos reterão...

Em sua pobre eternidade, os deuses

desconhecem o preço único do instante...

e esse despertar, ainda palpitante,

de quem cortasse em meio um sonho vão.

No entanto a vida não é sonho... Não:

aberta numa flor ou na polpa de um fruto,

a vida aí está, eterna: nossa mão

é que dispõe apenas de um minuto.

E todos os encontros são adeuses...

(Como riem, meu pobre amor... Como riem, de nós, esses

[eternos deuses!)

POEMA TRANSITÓRIO

Eu que nasci na Era da Fumaça: — trenzinho

vagaroso com vagarosas

paradas

em cada estaçãozinha pobre

para comprar

        pastéis

        pés de moleque

        sonhos

— principalmente sonhos!

porque as moças da cidade vinham olhar o trem passar:

elas suspirando maravilhosas viagens

e a gente com um desejo súbito de ali ficar morando

sempre... Nisto,

o apito da locomotiva

e o trem se afastando

e o trem arquejando

é preciso partir

é preciso chegar

é preciso partir é preciso chegar... Ah, como esta vida é urgente!

... no entanto

eu gostava era mesmo de partir...

e — até hoje — quando acaso embarco

para alguma parte

acomodo-me no meu lugar

fecho os olhos e sonho:

viajar, viajar

mas para parte nenhuma...

viajar indefinidamente...

como uma nave espacial perdida entre as estrelas.

AS ESTRELAS

Foram-se abrindo aos poucos as estrelas...

De margaridas lindo campo em flor!

Tão alto o Céu!... Pudesse eu ir colhê-las...

Diria alguma se me tens amor.

Estrelas altas! Que se importam elas?

Tão longe estão... Tão longe deste mundo...

Trêmulo bando de distantes velas

Ancoradas no azul do céu profundo...

Porém meu coração quase parava,

Lá foram voando as esperanças minhas

Quando uma, dentre aquelas estrelinhas,

Deus a guie! do céu se despencou...

Com certeza era o amor que tu me tinhas

Que repentinamente se acabou!

(1934)

HAVIA

Havia naquele tempo tanta coisa,

tanta coisa que subiria depois como um balão azul

quando eu precisasse de um pretexto urgente para não me matar...

Havia

a que passava cuidadosamente os meus poemas a ferro

(e nisso vejo agora a maior poesia deles...)

Havia a que sabia fingir que me escutava,

que parecia beber até, com seus grandes olhos,

os meus solilóquios

(eram tão chatos que só podiam ser solilóquios mesmo...)

e havia, entre todas,

a Eleita,

a que cortava as unhas da minha mão direita

(agora tenho de recorrer a profissionais...)

e havia, entre as demais,

a que ficou não sei onde esquecida...

DEIXA-ME SEGUIR PARA O MAR

Tenta esquecer-me... Ser lembrado é como

evocar-se um fantasma... Deixa-me ser

o que sou, o que sempre fui, um rio que vai fluindo...

Em vão, em minhas margens cantarão as horas,

me recamarei de estrelas como um manto real,

me bordarei de nuvens e de asas,

às vezes virão em mim as crianças banhar-se...

Um espelho não guarda as coisas refletidas!

E o meu destino é seguir... é seguir para o Mar,

as imagens perdendo no caminho...

Deixa-me fluir, passar, cantar...

toda a tristeza dos rios

é não poderem parar!

OBSESSÃO DO MAR OCEANO

Vou andando feliz pelas ruas sem nome...

Que vento bom sopra do Mar Oceano!

Meu amor eu nem sei como se chama,

Nem sei se é muito longe o Mar Oceano...

Mas há vasos cobertos de conchinhas

Sobre as mesas... e moças nas janelas

Com brincos e pulseiras de coral...

Búzios calçando portas... caravelas

Sonhando imóveis sobre velhos pianos...

Nisto,

Na vitrina do bric o teu sorriso, Antínous,

E eu me lembrei do pobre imperador Adriano,

De su'alma perdida e vaga na neblina...

Mas como sopra o vento sobre o Mar Oceano!

Se eu morresse amanhã, só deixaria, só,

Uma caixa de música

Uma bússola

Um mapa figurado

Uns poemas cheios da beleza única

De estarem inconclusos...

Mas como sopra o vento nestas ruas de outono!

E eu nem sei, eu nem sei como te chamas...

Mas nos encontraremos sobre o Mar Oceano,

Quando eu também já não tiver mais nome.

VIVER

Quem nunca quis morrer

Não sabe o que é viver

Não sabe que viver é abrir uma janela

E pássaros pássaros sairão por ela

E hipocampos fosforescentes

Medusas translúcidas

Radiadas

Estrelas-do-mar... Ah,

Viver é sair de repente

Do fundo do mar

E voar...

      e voar...

            cada vez para mais alto

Como depois de se morrer!

PORTO PARADO

No movimento

lento

das barcaças

amarradas

o dia

sonolento

vai inventando as variações das nuvens...

VERÃO

Há sempre, afastada das outras, uma nuvenzinha preguiçosa que ficou sesteando no azul.

VERÃO

A tarde é uma tartaruga com o casco pardacento de poeira, a arrastar-se interminavelmente. Os ponteiros estão esperando por ela. Eu só queria saber quem foi que disse que a vida é curta...

A VIDA

Mas se a vida é tão curta como dizes

por que é que me estás lendo até agora?

Com H se escreve HOJE

Mas "ontem" não tem H...

Pois o que importa na vida

É o dia que virá!

A CARTA

Hoje encontrei dentro de um livro uma velha carta amarelecida,

Rasguei-a sem procurar ao menos saber de quem seria...

Eu tenho um medo

Horrível

A essas marés montantes do passado,

Com suas quilhas afundadas, com

Meus sucessivos cadáveres amarrados aos mastros e gáveas...

Ai de mim,

Ai de ti, ó velho mar profundo,

Eu venho sempre à tona de todos os naufrágios!

BILHETE A HERÁCLITO

Tudo deu certo, meu velho Heráclito,

porque eu sempre consigo

atravessar esse teu outro rio

com o meu eu eternamente outro...

EPÍSTOLA AOS NOVOS BÁRBAROS

Jamais compreendereis a terrível simplicidade das minhas palavras

porque elas não são palavras: são rios, pássaros, naves...

no rumo de vossas almas bárbaras.

Sim, vós tendes as vossas almas supersticiosamente pintadas,

e não apenas a cara e o corpo como os verdadeiros selvagens.

Sabeis somente dar ouvido a palavras que não compreendeis,

e todos os vossos deuses são nascidos do medo.

E eu na verdade não vos trago a mensagem de nenhum deus.

Nem a minha...

Vim sacudir o que estava dormindo há tanto dentro de cada um de vós

a limpar-vos de vossas tatuagens.

E o frêmito que sentireis, então, nas almas transfiguradas

não será do revoo dos anjos... Mas apenas

o beijo amoroso e invisível do vento

sobre a pele nua.

REVELAÇÃO

Durante as belas noites de tempestade os relâmpagos tiram radiografias da paisagem.

CANÇÃO DE GAROA
Para Telmo Vergara

Em cima do meu telhado,

Pirulim lulin lulin,

Um anjo, todo molhado,

Soluça no seu flautim.

O relógio vai bater:

As molas rangem sem fim.

O retrato na parede

Fica olhando para mim.

E chove sem saber por quê...

E tudo foi sempre assim!

Parece que vou sofrer:

Pirulim lulin lulin...

PEQUENO POEMA DE APÓS CHUVA

Frescor agradecido de capim molhado

Como alguém que chorou

E depois sentiu uma grande, uma quase envergonhada alegria

Por ter a vida

Continuado...

UMA ALEGRIA PARA SEMPRE
Para Elena Quintana

As coisas que não conseguem ser

olvidadas continuam acontecendo.

Sentimo-las como da primeira vez,

sentimo-las fora do tempo,

nesse mundo do sempre onde as

datas não datam. Só no mundo do nunca

existem lápides... Que importa se —

depois de tudo — tenha "ela" partido,

casado, mudado, sumido, esquecido,

enganado, ou que quer que te haja

feito, em suma? Tiveste uma parte da

sua vida que foi só tua e, esta, ela

jamais a poderá passar de ti para ninguém.

Há bens inalienáveis, há certos momentos que,

ao contrário do que pensas,

fazem parte da tua vida presente

e não do teu passado. E abrem-se no teu

sorriso mesmo quando, deslembrado deles,

estiveres sorrindo a outras coisas.

Ah, nem queiras saber o quanto

deves à ingrata criatura...

A thing of beauty is a joy for ever

— disse, há cento e muitos anos, um poeta

inglês que não conseguiu morrer.

POEMINHA DO CONTRA

Todos esses que aí estão

Atravancando o meu caminho,

Eles passarão...

Eu passarinho!

CALIGRAFIAS

Delícia de olhar, no céu, os v v v dos voos distanciando-se...

LINHA RETA

Linha sem imaginação.

CARRETO

Amar é mudar a alma de casa.

AMOR

Quando o silêncio a dois se torna cômodo.

AMIZADE

Quando o silêncio a dois não se torna incômodo.

DIÁLOGO

Dois monólogos intercalados.

DA MODÉSTIA

A modéstia é a vaidade escondida atrás da porta.

INTRUSÃO

O passado não reconhece o seu lugar: está sempre presente.

K

Letra caminhante.

CONVERSA FIADA

Eu gosto de fazer poemas de um único verso.

Até mesmo de uma única palavra

Como quando escrevo o teu nome no meio da página

E fico pensando mais ou menos em ti

Porque penso, também, em tantas coisas... em ninhos

Não sei por que vazios em meio de uma estrada

Deserta...

Penso em súbitos cometas anunciadores de um Mundo Novo

E — imagina! —

Penso em meus primeiros exercícios de álgebra,

Eu que tanto, tanto os odiava...

Eu que naquele tempo vivia dopando-me em cores, flores,

[amores,

Nos olhos-flores das menininhas — isso mesmo! O mundo

Era um livro de figuras

Oh! os meus paladinos, as minhas princesas prisioneiras em

[suas altas torres,

Os meus dragões

Horrendos

Mas tão coloridos...

E — já então — o trovoar dos versos de Camões:

"Que o menor mal de todos seja a morte!"

Ah, prometo àqueles meus professores desiludidos que na

[próxima vida eu vou ser um grande matemático

Porque a matemática é o único pensamento sem dor...

Prometo, prometo, sim... Estou mentindo? Estou!

Tão bom morrer de amor! e continuar vivendo...

A ARTE DE VIVER

A arte de viver

É simplesmente a arte de conviver...

Simplesmente, disse eu?

Mas como é difícil!

DA INDULGÊNCIA

Não perturbes a paz da tua vida,

Acolhe a todos igualmente bem.

A indulgência é a maneira mais polida

De desprezar alguém.

A DIFERENÇA

O que eles chamam de nossos defeitos é o que nós temos de diferente deles. Cultivemo-los pois, com o maior carinho — esses nossos benditos defeitos.

DO MAL E DO BEM

Todos têm seu encanto: os santos e os corruptos.

Não há coisa, na vida, inteiramente má.

Tu dizes que a verdade produz frutos...

Já viste as flores que a mentira dá?

MENTIRA?

A mentira é uma verdade que se esqueceu de acontecer.

GESTOS

A mão que parte o pão

a mão que semeia

a mão que o recebe

— como seria belo tudo isso se não fossem

os intermediários!

OS INTERMEDIÁRIOS

Nunca me acertei bem com os padres, os críticos
e os canudinhos de refresco.

AH, MUNDO...

Perdão!

Eu distraí-me ao receber a Extrema-Unção.

Enquanto a voz do padre zumbia como um besouro

eu pensava era nos meus primeiros sapatos

que continuavam andando

que continuam andando

— rotos e felizes! —

por essas estradas do mundo.

Cidadezinha cheia de graça...

Tão pequenina que até causa dó!

Com seus burricos a pastar na praça...

Sua igrejinha de uma torre só...

Nuvens que venham, nuvens e asas,

Não param nunca nem um segundo...

E fica a torre, sobre as velhas casas,

Fica cismando como é vasto o mundo!...

Eu que de longe venho perdido,

Sem pouso fixo (a triste sina!)

Ah, quem me dera ter lá nascido!

Lá toda a vida poder morar!

Cidadezinha... Tão pequenina

Que toda cabe num só olhar...

BOLA DE CRISTAL

A praça, o coreto, o quiosque,

as primeiras leituras, os primeiros

versos

e aquelas paixões sem fim...

Todo um mundo submerso,

com suas vozes, seus passos, seus silêncios

— ai que saudade de mim!

Deixo-te, pobre menino, aí sozinho...

Que bom que nunca me viste

como te estou vendo agora

— e é melhor que seja assim...

Deixo-te

com os teus sonhos de outrora, os teus livros queridos

e aquelas paixões sem fim!

e a praça... o coreto... o quiosque

onde compravas revistas...

Sonha, menino triste...

Sonha...

— só o teu sonho é que existe.

AS RUAZINHAS

Eu amo de um amor que jamais poderei expressar

Essas pequenas ruas com suas casas de porta e janela,

Ruas tão nuas

Que os lampiões fazem às vezes de álamos,

Com toda a vibratilidade dos álamos, petrificada nos troncos

[imóveis de ferro,

Ruas que me parecem tão distantes

E tão perto

A um tempo

Que eu as olho numa triste saudade de quem já tivesse

[morrido,

Ruas como as que a gente vê em certos quadros,

Em certos filmes:

Meu Deus, aquele reflexo, à noite, nas pedras irregulares do

[calçamento,

Ou a ensolarada miséria daquele muro a perder o reboco...

Para que eu vos ame tanto

Assim,

Minhas ruazinhas de encanto e desencanto,

É que expressais alguma coisa minha...

Só para mim!

PEDRA ROLADA

Esta pedra que apanhaste acaso à beira do caminho

— tão lisa de tanto rolar —

é macia como um animal que se finge de morto.

Apalpa-a... E sentirás, miraculosamente,

a suave serenidade com que os mortos recordam...

Mortos?! Basta-lhes ter vivido

um pouco

para jamais poderem estar mortos

— e esta pedra pertence ainda ao universo deles.

Deposita-a

no chão

cuidadosamente...

Esta pedra está viva!

TRECHO DE DIÁRIO

Hoje me acordei pensando em uma pedra numa rua de Calcutá.

Numa determinada pedra em certa rua de Calcutá.

Solta. Sozinha. Quem repara nela?

Só eu, que nunca fui lá,

Só eu, deste lado do mundo, te mando agora esse pensamento...

Minha pedra de Calcutá!

NOTURNO

Aquela última janela acesa

No casario

Sou eu...

NOTURNO II

Pensam que estou dormindo. Mas, do meu velívolo,

eu avisto a cidade.

Em cada janela acesa (umas poucas)

um poeta, noite alta, poetando...

Tu dirás que imagino coisas loucas!

Mas era assim que eram as coisas

nos tempos da primeira mocidade... Pouso

lá na torre da igreja.

Imobilizo-me.

Vês?

(ou estarei apenas sonhando

que faço um poema?)

NOTURNO ARRABALEIRO

Os grilos... os grilos... Meu Deus, se a gente

Pudesse

Puxar

Por uma

Perna

Um só

Grilo,

Se desfiariam todas as estrelas!

OS VIRA-LUAS

Todos lhes dão, com uma disfarçada ternura,
o nome, tão apropriado, de vira-latas. Mas e os vira-luas?
Ah! ninguém se lembra desses outros vagabundos noturnos,
que vivem farejando a lua, fuçando a lua, insaciavelmente,
para aplacar uma outra fome, uma outra miséria,
que não é a do corpo...

PAUSA

Na pauta das horas há um instante de grave, serena pausa...

É quando o último grilo parou de cantar...

E ainda não começou o canto do primeiro pássaro...

BRASA DORMIDA

Da minha vida, o que eu me lembro

É uma

Sucessão de janelas fechadas

Nalgum país de sonho...

Apago-me, suponho,

Como as luzes de uma festa.

Ah! uma coisa resta,

Misterioso reflexo no escuro:

Teus lábios úmidos como frutos mordidos!

CANÇÃO DE JUNTO DO BERÇO

Não te movas, dorme, dorme

O teu soninho tranquilo.

Não te movas (diz-lhe a Noite)

Que inda está cantando um grilo...

Abre os teus olhinhos de ouro

(O Dia lhe diz baixinho).

É tempo de levantares

Que já canta um passarinho...

Sozinho, que pode um grilo

Quando já tudo é revoada?

E o Dia rouba o menino

No manto da madrugada...

UM DIA ACORDARÁS

Para Maria Helena, que me pediu
"uma história bem romântica"

Um dia acordarás num quarto novo

sem saber como foste para lá

e as vestes que acharás ao pé do leito

de tão estranhas te farão pasmar,

a janela abrirás, devagarinho:

fará nevoeiro e tu nada verás...

Hás de tocar, a medo, a campainha

e, silenciosa, a porta se abrirá.

E um ser, que nunca viste, em um sorriso

triste, te abraçará com seu maior carinho

e há de dizer-te para o teu assombro:

— Não te assustes de mim, que sofro há tanto!

Quero chorar — apenas — no teu ombro

e devorar teus olhos, meu amor...

O POETA

Venho do fundo das Eras,

Quando o mundo mal nascia...

Sou tão antigo e tão novo

Como a luz de cada dia!

HOJE É OUTRO DIA

Quando abro cada manhã a janela do meu quarto

É como se abrisse o mesmo livro

Numa página nova...

O VISITANTE MATINAL

Para que nomes? Era azul e voava...

SONHO

Um poema que, ao lê-lo, nem sentirias que ele já estivesse escrito, mas que fosse brotando, no mesmo instante, de teu próprio coração.

TROVA

Coração que bate-bate

Antes deixes de bater!

Só num relógio é que as horas

Vão batendo sem sofrer.

POEMA OUVINDO O NOTICIOSO

Os acontecimentos tombam como moscas sobre a minha mesa

z...z...z...z...z...z...z...z...

De junto a mim,

— len-ta-men-te —

a Presença Invisível afasta-se

deixando

     um rastro

         de silêncio...

A página aguarda

O Poeta aguarda, mudo...

         Em vão!

(O limite do poema é uma página em branco).

INTÉRPRETES

Mas, afinal, para que interpretar um poema? Um poema já é uma interpretação.

VENTO

Pastor das nuvens.

CANÇÃO DE UM DIA DE VENTO
Para Maurício Rosenblatt

O vento vinha ventando
Pelas cortinas de tule.

As mãos da menina morta
Estão varadas de luz.
No colo, juntos, refulgem
Coração, âncora e cruz.

Nunca a água foi tão pura...
Quem a teria abençoado?
Nunca o pão de cada dia
Teve um gosto mais sagrado.

E o vento vinha ventando
Pelas cortinas de tule...

Menos um lugar na mesa,
Mais um nome na oração,
Da que consigo levara
Cruz, âncora e coração

(E o vento vinha ventando...)

Daquela de cujas penas
Só os anjos saberão!

HAIKAI DE OUTONO

Uma borboleta amarela?

Ou uma folha seca

Que se desprendeu e não quis tombar?

HAIKAI DE OUTONO

Uma folha, ai,

Melancolicamente

cai!

POESIA

Às vezes tudo se ilumina de uma intensa irrealidade, e é como se agora este pobre, este único, este efêmero minuto do mundo estivesse pintado numa tela, sempre...

POEMA PARA UMA EXPOSIÇÃO

O quadro na parede abre uma janela

que dá para o outro mundo

deste mundo...

Um mundo isento de rumores

e de mil flutuações atmosféricas

— alheio a toda humana contingência...

Onde um momento é sempre

e o mal e o bem não têm nenhum sentido...

Mundo

em que a forma também é a própria essência.

Ó Vida

Transfixada ao muro — e que palpita,

entanto,

num misterioso, eterno movimento!

VIVÊNCIAS

Os muros gretados são muito mais belos

que os muros lisos.

RUÍNAS & CONSTRUÇÕES

Tão belo como um edifício em construção contra um céu azul, só mesmo um edifício em ruínas contra o mesmo céu. O que importa é o céu azul.

DO OVO DE COLOMBO

Nos acontecimentos, sim, é que há Destino:

Nos homens, não — espuma de um segundo...

Se Colombo morresse em pequenino,

O Neves descobria o Novo Mundo!

ASTRONOMIA

Dizem os astrólogos que Saturno é taciturno. Mas só se for para rimar... Com seus multicoloridos anéis, ele é, dentre os seus pobres irmãos do sistema solar, o único planeta que faz bambolê.

DA OBSERVAÇÃO

Não te irrites, por mais que te fizerem...

Estuda, a frio, o coração alheio.

Farás, assim, do mal que eles te querem,

Teu mais amável e sutil recreio...

GUERRA

Os aviões abatidos

são cruzes caindo do céu.

PAZ

Essas cruzes toscas que a gente avista às vezes da janela do trem, na volta de uma estrada, são belas como árvores...
Nada têm dessas admoestantes cruzes de cemitério, cheias de um religioso rancor.
As singelas cruzes da estrada não dizem coisa alguma: parecem apenas viandantes em sentido contrário.
E vão passando por nós — tão naturalmente — como nós passamos por elas.

SILÊNCIOS

Há um silêncio de antes de abrir-se um telegrama urgente

há um silêncio de um primeiro olhar de desejo

há um silêncio trêmulo de teias ao apanhar uma mosca

e

o silêncio de uma lápide que ninguém lê.

CANÇÃO PARA DEPOIS
à maneira de Cecília

Quando esta pura voz que ouviste

Serenamente calar-se,

Como é que descobririas

       O seu disfarce?

Não digas palavras loucas

Em meus ouvidos de pedra!

Não busques na voz do vento

       Minha resposta...

Silêncio! E, depois, afasta

O passo que se avizinha...

Que ninguém veja esta face

       Que não é minha!

O POEMA

O poema

essa estranha máscara

mais verdadeira do que a própria face...

A MISSA DOS INOCENTES

Se não fora abusar da paciência divina

Eu mandaria rezar missa pelos meus poemas que não

    [conseguiram ir além da terceira ou quarta linha,

Vítimas dessa mortalidade infantil que, por ignorância dos pais,

Dizima as mais inocentes criaturinhas, as pobres

Que tinham tanto azul nos olhos,

Tanto que dar ao mundo!

Eu mandaria rezar o réquiem mais profundo

Não só pelos meus

Mas por todos os poemas inválidos que se arrastam pelo mundo

E cuja comovedora beleza ultrapassa a dos outros

Porque está, antes e depois de tudo,

No seu inatingível anseio de beleza!

CONFESSIONAL

Eu fui um menino por trás de uma vidraça — um menino de aquário.

Via o mundo passar como numa tela cinematográfica, mas que repetia sempre as mesmas cenas, as mesmas personagens.

Tudo tão chato que o desenrolar da rua acabava me parecendo apenas em preto e branco, como nos filmes daquele tempo.

O colorido todo se refugiava, então, nas ilustrações dos meus livros de histórias, com seus reis hieráticos e belos como os das cartas de jogar.

E suas filhas nas torres altas — inacessíveis princesas.

Com seus cavalos — uns verdadeiros príncipes na elegância e na riqueza dos jaezes.

Seus bravos pajens (eu queria ser um deles...)

Porém, sobrevivi...

E aqui, do lado de fora, neste mundo em que vivo, como tudo é diferente! Tudo, ó menino do aquário, é muito diferente do teu sonho...

(Só os cavalos conservam a natural nobreza.)

O ADOLESCENTE

A vida é tão bela que chega a dar medo,

Não o medo que paralisa e gela,

estátua súbita,

mas

esse medo fascinante e fremente de curiosidade que faz

o jovem felino seguir para a frente farejando o vento

ao sair, a primeira vez, da gruta.

Medo que ofusca: luz!

Cumplicemente,

as folhas contam-te um segredo

velho como o mundo:

Adolescente, olha! A vida é nova...

A vida é nova e anda nua

— vestida apenas com o teu desejo!

A ADOLESCENTE

Arvorezinha crescendo...

crescendo...

crescendo...

Até brotarem dois pomos!

OS PÉS

Meus pés no chão

Como custaram a reconhecer o chão!

Por fim os dedos dessedentaram-se no lodo macio,

[agarraram-se ao chão...

Ah, que vontade de criar raízes!

PREPARATIVOS PARA A VIAGEM

Uns vão de guarda-chuva e galochas,

outros arrastam um baú de guardados...

Inúteis precauções!

Mas,

se levares apenas as visões deste lado,

nada te será confiscado:

todo o mundo respeita os sonhos de um ceguinho

— a sua única felicidade!

E os próprios Anjos, esses que fitam eternamente

[a face

do Senhor...

os próprios Anjos te invejarão.

O VIAJANTE

Eu, sempre que parti, fiquei nas gares

Olhando, triste, para mim...

O CAMINHO

Passa o Rei com seu cortejo.

Passa o Deus no seu andor.

E, milênios depois, neste caminho, apenas

Ainda sopra o vento nas macieiras em flor...

PAZ

Os caminhos estão descansando...

INSCRIÇÃO PARA UM ÔNIBUS

O triste dos caminhos é que eles jamais podem ir aonde querem.

MEU BONDE PASSA PELO MERCADO

O que há de bom mesmo não está à venda,

O que há de bom não custa nada.

Este momento é a flor da eternidade!

Minha alegria aguda até o grito...

Não essa alegria alvar das novelas baratas,

Pois minha alegria inclui também minha tristeza — a nossa

Tristeza...

Meu companheiro de viagem, sabes?

Todos os bondes vão para o Infinito!

A VIAGEM

Como é bela uma asa em pleno voo...

Uma vela em alto-mar...

Sua vida — toda ela! — está contida

Entre o partir e o chegar...

O ÚLTIMO VIANDANTE

Era um caminho que de tão velho, minha filha,

já nem sabia mais aonde ia...

Era um caminho

velhinho,

perdido...

Não havia traços

de passos no dia

em que por acaso o descobri:

pedras e urzes iam cobrindo tudo.

O caminho agonizava, morria

sozinho...

Eu vi...

Porque são os passos que fazem os caminhos!

POEMA DA GARE DE ASTAPOVO

O velho Liev Tolstói fugiu de casa aos oitenta anos

E foi morrer na gare de Astapovo!

Com certeza sentou-se a um velho banco,

Um desses velhos bancos lustrosos pelo uso

Que existem em todas as estaçõezinhas pobres do mundo,

Contra uma parede nua...

Sentou-se... e sorriu amargamente

Pensando que

Em toda a sua vida

Apenas restava de seu a Glória,

Esse irrisório chocalho cheio de guizos e fitinhas

Coloridas

Nas mãos esclerosadas de um caduco!

E então a Morte,

Ao vê-lo tão sozinho àquela hora

Na estação deserta,

Julgou que ele estivesse ali à sua espera,

Quando apenas sentara para descansar um pouco!

A Morte chegou na sua antiga locomotiva

(Ela sempre chega pontualmente na hora incerta...)

Mas talvez não pensou em nada disso, o grande Velho,

E quem sabe se até não morreu feliz: ele fugiu...

Ele fugiu de casa...

Ele fugiu de casa aos oitenta anos de idade...

Não são todos os que realizam os velhos sonhos da infância!

AEROPORTO

Eu também, eu também hei de estar no Grande Aeroporto, um dia,

Entre os outros viajantes sem bagagem...

Tu não imaginas como é bom, como é repousante

Não ter bagagem nenhuma!

Porém, no alto-falante,

Serei chamado por outro nome que não o meu...

Um nome conhecido apenas pelos anjos.

Mas eu reconhecerei o meu nome

Como reconheço no espelho a minha imagem de cada dia.

E cada chamada será uma súbita, uma maravilhosa revelação.

Menos

Para umas poucas criaturas...

Aquelas criaturas que mereceram ser conhecidas

Ainda neste mundo,

Ainda nesta vida

Pelo seu nome único e verdadeiro!

MINIPAISAGENS

As janelinhas do trem, ao longo da estrada, vão tirando sucessivos cartões-postais da paisagem, o que sempre é melhor do que a gente ficar no meio de um vasto panorama — como uma vaca no campo.

Eu nada entendo da questão social.

Eu faço parte dela, simplesmente...

E sei apenas do meu próprio mal,

Que não é bem o mal de toda gente,

Nem é deste Planeta... Por sinal

Que o mundo se lhe mostra indiferente!

E o meu Anjo da Guarda, ele somente,

É quem lê os meus versos afinal...

E enquanto o mundo em torno se esbarronda,

Vivo regendo estranhas contradanças

No meu vago País de Trebizonda...

Entre os Loucos, os Mortos e as Crianças,

É lá que eu canto, numa eterna ronda,

Nossos comuns desejos e esperanças!...

ALGUMAS VARIAÇÕES SOBRE UM MESMO TEMA

I

As vacas voam sempre devagar

porque elas gostam da paisagem.

Porque, para elas, o encanto único de uma viagem

é olhar, olhar...

II

Partir... tão bom! Mas para que chegar?

III

O melhor de tudo é embarcarmos num poema...

Carlos Drummond, um dia, me pôs de passageiro num poema seu.

Ah, seu Carlos maquinista, até hoje ainda não encontrei

[palavras para agradecer-lhe...

Mas que longa, longa viagem será!

IV

E das janelinhas do trenzinho-poema

abanaremos para os brotinhos do futuro.

Ui, como serão os brotinhos do século XXIII, meu Deus do Céu?

Pergunta boba! Em todas as épocas da História

um brotinho é um brotinho é um brotinho...

V

Tenho pena, isto sim, dos que viajam de avião a jato:

só conhecem do mundo os aeroportos...

E todos os aeroportos do mundo são iguais,

                    [excessivamente sanitários

e com anúncios de Coca-Cola.

VI

Nada há, porém, como partir na lírica desarrumação

                          [da minha cama-jangada

Onde escrevo noite adentro estes poeminhas com a esferográfica:

a tinta — quem diria? — é verde, verde...

(o que não passará, talvez, de mera coincidência)

INSCRIÇÃO PARA UMA LAREIRA

A vida é um incêndio: nela

dançamos, salamandras mágicas.

Que importa restarem cinzas

se a chama foi bela e alta?

Em meio aos toros que desabam,

cantemos a canção das chamas!

Cantemos a canção da vida,

na própria luz consumida...

Para Dyonelio Machado

Recordo ainda... E nada mais me importa...

Aqueles dias de uma luz tão mansa

Que me deixavam, sempre, de lembrança,

Algum brinquedo novo à minha porta...

Mas veio um vento de Desesperança

Soprando cinzas pela noite morta!

E eu pendurei na galharia torta

Todos os meus brinquedos de criança...

Estrada fora após segui... Mas, ai,

Embora idade e senso eu aparente,

Não vos iluda o velho que aqui vai:

Eu quero os meus brinquedos novamente!

Sou um pobre menino... acreditai...

Que envelheceu, um dia, de repente!...

ENVELHECER

Antes, todos os caminhos iam.

Agora todos os caminhos vêm.

A casa é acolhedora, os livros poucos.

E eu mesmo preparo o chá para os fantasmas.

SEISCENTOS E SESSENTA E SEIS

A vida é uns deveres que nós trouxemos para fazer em casa.

Quando se vê, já são 6 horas: há tempo...

Quando se vê, já é 6ª feira...

Quando se vê, passaram 60 anos...

Agora, é tarde demais para ser reprovado...

E se me dessem — um dia — uma outra oportunidade,

eu nem olhava o relógio

seguia sempre, sempre em frente...

E iria jogando pelo caminho a casca dourada

e inútil das horas.

O AUTORRETRATO

No retrato que me faço

— traço a traço —

às vezes me pinto nuvem,

às vezes me pinto árvore...

às vezes me pinto coisas

de que nem há mais lembrança...

ou coisas que não existem

mas que um dia existirão...

e, desta lida, em que busco

— pouco a pouco —

minha eterna semelhança,

no final, que restará?

Um desenho de criança...

Corrigido por um louco!

MEMÓRIA

Em nossa vida ainda ardem aqueles velhos, aqueles antigos

[lampiões de esquina

Cuja luz não é bem a deste mundo...

Porque, na poesia, o tempo não existe!

Ou acontece tudo ao mesmo tempo...

INCORRIGÍVEL

O fantasma é um exibicionista póstumo.

Quando eu morrer e no frescor de lua

Da casa nova me quedar a sós,

Deixai-me em paz na minha quieta rua...

Nada mais quero com nenhum de vós!

Quero é ficar com alguns poemas tortos

Que andei tentando endireitar em vão...

Que lindo a Eternidade, amigos mortos,

Para as torturas lentas da Expressão!...

Eu levarei comigo as madrugadas,

Pôr de sóis, algum luar, asas em bando,

Mais o rir das primeiras namoradas.

E um dia a morte há de fitar com espanto

Os fios de vida que eu urdi, cantando,

Na orla negra do seu negro manto...

Para Reynaldo Moura

Que bom ficar assim, horas inteiras,

Fumando... e olhando as lentas espirais...

Enquanto, fora, cantam os beirais

A baladilha ingênua das goteiras

E vai a Névoa, a bruxa silenciosa,

Transformando a Cidade, mais e mais,

Nessa Londres longínqua, misteriosa

Das poéticas novelas policiais...

Que bom, depois, sair por essas ruas,

Onde os lampiões, com sua luz febrenta,

São sóis enfermos a fingir de luas...

Sair assim (tudo esquecer talvez!)

E ir andando, pela névoa lenta,

Com a displicência de um fantasma inglês...

DA MORTE

Um dia... pronto!... me acabo.

Pois seja o que tem de ser.

Morrer que me importa?... O diabo

 É deixar de viver!

ESTE E O OUTRO LADO

Tenho uma grande curiosidade do Outro Lado.

(Que haverá do Outro Lado, meu Deus?)

Mas também não tenho muita pressa...

Porque neste nosso mundo há belas panteras, nuvens,

            [mulheres belas,

Árvores de um verde assustadoramente ecológico!

E lá — onde tudo recomeça —

Talvez não chova nunca,

Para a gente poder ficar em casa

Com saudades daqui...

Para Moysés Vellinho

Minha morte nasceu quando eu nasci.

Despertou, balbuciou, cresceu comigo...

E dançamos de roda ao luar amigo

Na pequenina rua em que vivi.

Já não tem mais aquele jeito antigo

De rir e que, ai de mim, também perdi!

Mas inda agora a estou sentindo aqui,

Grave e boa, a escutar o que lhe digo:

Tu que és a minha doce Prometida,

Nem sei quando serão as nossas bodas,

Se hoje mesmo... ou no fim de longa vida...

E as horas lá se vão, loucas ou tristes...

Mas é tão bom, em meio às horas todas,

Pensar em ti... saber que tu existes!

Da vez primeira em que me assassinaram

Perdi um jeito de sorrir que eu tinha...

Depois, de cada vez que me mataram,

Foram levando qualquer coisa minha...

E hoje, dos meus cadáveres, eu sou

O mais desnudo, o que não tem mais nada...

Arde um toco de vela, amarelada...

Como o único bem que me ficou!

Vinde, corvos, chacais, ladrões da estrada!

Ah! desta mão, avaramente adunca,

Ninguém há de arrancar-me a luz sagrada!

Aves da Noite! Asas do Horror! Voejai!

Que a luz, trêmula e triste como um ai,

A luz do morto não se apaga nunca!

SONETO
para Sandra Ritzel

A morte escolhe com gentil cuidado

e não às cegas, no dizer das gentes.

Quantas já vi no seu caixão doirado

com seus lindos perfis adolescentes...

Pareciam voltar a um internato

depois de haverem terminado as férias...

Mas lá seguiam todas, muito sérias,

— as mais pequenas para um orfanato,

Hoje, porém, são tantos os cuidados

que se custa a morrer na flor dos anos...

Mas que mundo, que sonhos, que esperanças

se houvesse apenas jovens e crianças,

e os Poetas... que não têm nenhuma idade

e inauguram o mundo a cada instante!

Num país de nostálgicos nevoeiros,

de paisagens em lenta mutação,

largarei de repente o meu bordão...

E hão de pasmar os outros caminheiros!

E andando como a lua nos outeiros

ao encontro da lenta procissão,

pousarias a mão na minha mão...

enamorados sempre... e sempre companheiros!

E diante de tão doces aparências

quem diria que em duas existências

nos separara o mundo — anos inteiros?

E, sentados à sombra de uns olmeiros,

trocaríamos falsas confidências...

cheias de sentimentos verdadeiros!

EMERGÊNCIA

Quem faz um poema abre uma janela.

Respira, tu que estás numa cela

abafada,

esse ar que entra por ela.

Por isso é que os poemas têm ritmo

— para que possas profundamente respirar.

Quem faz um poema salva um afogado.

O APANHADOR DE POEMAS

Um poema sempre me pareceu algo assim como um pássaro engaiolado... E que, para apanhá-lo vivo, era preciso um cuidado infinito. Um poema não se pega a tiro. Nem a laço. Nem a grito. Não, o grito é o que mais o espanta. Um poema, é preciso esperá-lo com paciência e silenciosamente como um gato. É preciso que lhe armemos ciladas: com rimas, que são o seu alpiste; há poemas que só se deixam apanhar com isto. Outros que só ficam presos atrás das catorze grades de um soneto. É preciso esperá-lo com assonâncias e aliterações, para que ele cante. É preciso recebê-lo com ritmo, para que ele comece a dançar. E há os poemas livres, imprevisíveis. Para esses é preciso inventar, na hora, armadilhas imprevistas.

RITMO

Na porta

a varredeira varre o cisco

varre o cisco

varre o cisco

Na pia

a menininha escova os dentes

escova os dentes

escova os dentes

No arroio

a lavadeira bate roupa

bate roupa

bate roupa

até que enfim

        se desenrola

            toda a corda

e o mundo gira imóvel como um pião!

O ETERNO SACRIFÍCIO

Como dar vida a uma verdadeira obra de arte

A não ser com a própria vida?

A LEITURA INTERROMPIDA

A nossa vida nunca chega ao fim. Isto é, nunca termina no fim.

É como se alguém estivesse lendo um romance
e achasse o enredo enfadonho e, interrompendo, com um
bocejo, a leitura, fechasse o livro e o guardasse na estante.
E deixasse o herói, os comparsas, as ações, os gestos, tudo ali
esperando, esperando...

Como naquele jogo a que chamavam brincar de estátua.
Como num filme que parou de súbito.

O ÚLTIMO POEMA

Enquanto me davam a extrema-unção,

Eu estava distraído...

Ah, essa mania incorrigível de estar pensando sempre noutra coisa!

Aliás, tudo é sempre outra coisa

— segredo da poesia —

E, enquanto a voz do padre zumbia como um besouro,

Eu pensava era nos meus primeiros sapatos

Que continuavam andando, que continuam andando,

Até hoje

Pelos caminhos deste mundo.

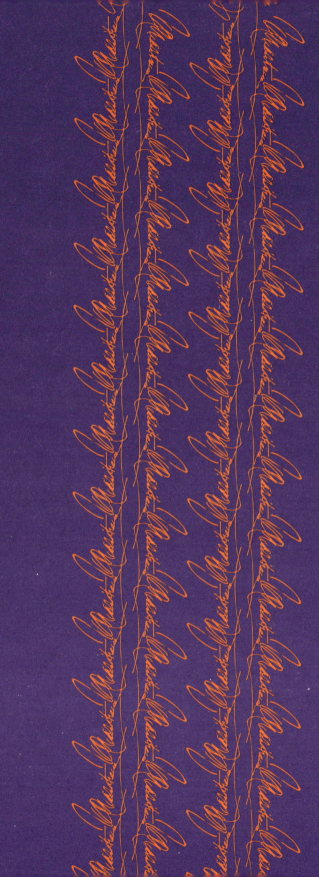

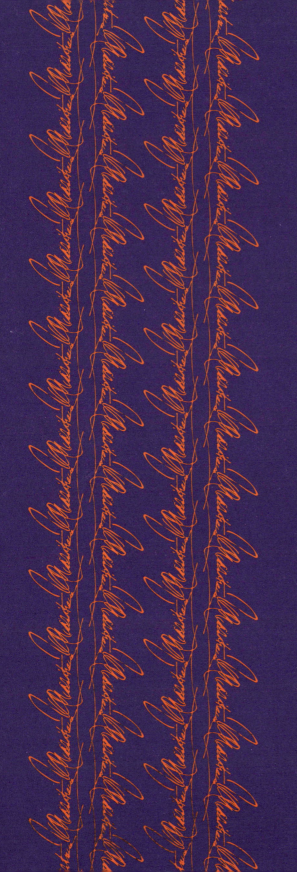

RELAÇÃO DE POEMAS DESTA ANTOLOGIA

A RUA DOS CATAVENTOS (1940)

Cidadezinha cheia de graça...

Da vez primeira em que me assassinaram...

Escrevo diante da janela aberta...

Eu nada entendo da questão social

Minha morte nasceu quando eu nasci...

Na minha rua há um menininho doente...

Quando eu morrer e no frescor de lua...

Que bom ficar assim, horas inteiras...

Recordo ainda... E nada mais me importa...

CANÇÕES (1946)

Canção de garoa

Canção de junto do berço

Canção de um dia de vento

Canção de vidro

Canção do dia de sempre

Canção para uma valsa lenta

SAPATO FLORIDO (1948)

Carreto

Da paginação

Envelhecer

Mentira?

Os vira-luas

O BATALHÃO DAS LETRAS (1948)

Com H se escreve HOJE...

O APRENDIZ DE FEITICEIRO (1950)

Obsessão do Mar Oceano

ESPELHO MÁGICO (1951)

Da condição humana

Da indulgência

Da infiel companheira

Da morte

Da observação

Da perfeição da vida

Da sabedoria dos livros

Do amoroso esquecimento

Do belo

Do estilo

Do mal e do bem

Do ovo de Colombo

ANTOLOGIA POÉTICA (1966)

O poeta começa o dia

Os pés

CADERNO H (1973)

A diferença

Amizade

Amor

Da modéstia

Epígrafe para uma antologia lírica

Incorrigível

Intrusão

O poema

Poeminha do contra

Revelação

Ruínas & construções

Sonho

Verão

APONTAMENTOS DE HISTÓRIA SOBRENATURAL (1976)

A carta

Algumas variações sobre um mesmo tema

Canção para depois

Elegia

Emergência

Eu queria trazer-te uns versos muito lindos

Guerra

O adolescente

O autorretrato

O caminho

O viajante

Pedra rolada

Pequeno poema didático

Poema da gare de Astapovo

Ritmo

Sempre

Trecho de diário

Tristeza de escrever

Um dia acordarás

A VACA E O HIPOGRIFO (1977)

A leitura interrompida

A vida

Anotação para um poema

Bilhete a Heráclito

Caligrafias

Confessional

Gestos

Intérpretes

O menino e o milagre

Paz

Silêncios

Verão

Vivências

ESCONDERIJOS DO TEMPO (1980)

Ah, mundo...

Bilhete

Inscrição para uma lareira

Os poemas

Preparativos para a viagem

Seiscentos e sessenta e seis

BAÚ DE ESPANTOS (1986)

A missa dos inocentes

Conversa fiada

Deixa-me seguir para o mar

Epístola aos novos bárbaros

Esses eternos deuses...

Havia

Noturno II

Pequeno poema de após chuva

Poema ouvindo o noticioso

Poema transitório

Projeto de prefácio

Soneto

Uma alegria para sempre

Viver

PREPARATIVOS DE VIAGEM (1987)

A adolescente

Aeroporto

As ruazinhas

Brasa dormida

Haikai de outono

Lira I

Meu bonde passa pelo mercado

Monotonia

O último poema

O visitante matinal

DA PREGUIÇA COMO MÉTODO DE TRABALHO (1987)

A bem-amada na praia

Diálogo

K

Linha reta

O apanhador de poemas

Os intermediários

Pausa

Vento

PORTA GIRATÓRIA (1988)

Astronomia

Da arte de escrever

Inscrição para um ônibus

Minipaisagens

O imagista

Poesia

A COR DO INVISÍVEL (1989)

A viagem

As coisas

As estrelas

Bola de cristal

Dedicatória

Haikai de outono

Hoje é outro dia

Noturno arrabaleiro

O poeta

O último viandante

Paz

Poema para uma exposição

Porto parado

Trova

VELÓRIO SEM DEFUNTO (1990)

A arte de viver

Este e o outro lado

Memória

Noturno

O eterno sacrifício

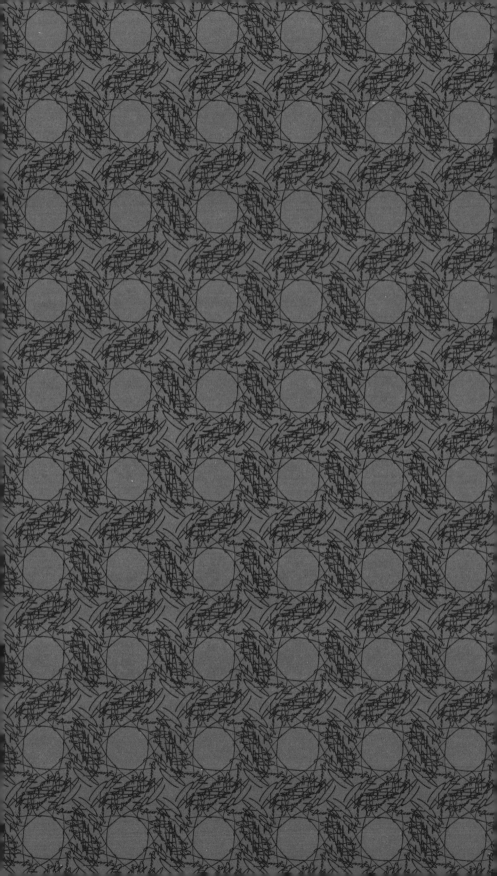

ÍNDICE DE TÍTULOS E PRIMEIROS VERSOS

A ADOLESCENTE 94

A ARTE DE VIVER 64

A BEM-AMADA NA PRAIA 30

A CARTA 51

A DIFERENÇA 65

A LEITURA INTERROMPIDA 123

A MISSA DOS INOCENTES 91

A VIAGEM 97

A VIDA 49

AEROPORTO 101

AH, MUNDO... 67

ALGUMAS VARIAÇÕES SOBRE UM MESMO TEMA 104

AMIZADE 60

AMOR 60

ANOTAÇÃO PARA UM POEMA 26

AS COISAS 20

AS ESTRELAS 41

AS RUAZINHAS 70

ASTRONOMIA 87

BILHETE 29

BILHETE A HERÁCLITO 51

BOLA DE CRISTAL 69

BRASA DORMIDA 76

CALIGRAFIAS 59

CANÇÃO DE GAROA 54

CANÇÃO DE JUNTO DO BERÇO 77

CANÇÃO DE UM DIA DE VENTO 83

CANÇÃO DE VIDRO 35

CANÇÃO DO DIA DE SEMPRE 37

CANÇÃO PARA DEPOIS 89

CANÇÃO PARA UMA VALSA LENTA 36

CARRETO 59

CIDADEZINHA CHEIA DE GRAÇA... 68

COM H SE ESCREVE HOJE... 50

CONFESSIONAL 92

CONVERSA FIADA 62

DA ARTE DE ESCREVER 16

DA CONDIÇÃO HUMANA 30

DA INDULGÊNCIA 64

DA INFIEL COMPANHEIRA 33

DA MODÉSTIA 61

DA MORTE 114

DA OBSERVAÇÃO 87

DA PAGINAÇÃO 17

DA PERFEIÇÃO DA VIDA 23

DA SABEDORIA DOS LIVROS 18

DA PRIMEIRA VEZ QUE ME ASSASSINARAM... 116

DEDICATÓRIA 16

DEIXA-ME SEGUIR PARA O MAR 43

DIÁLOGO 60

DO AMOROSO ESQUECIMENTO 33

DO BELO 28

DO ESTILO 29

DO MAL E DO BEM 65

DO OVO DE COLOMBO 86

ELEGIA 21

EMERGÊNCIA 119

ENVELHECER 108

EPÍGRAFE PARA UMA ANTOLOGIA LÍRICA 15

EPÍSTOLA AOS NOVOS BÁRBAROS 52

ESCREVO DIANTE DA JANELA ABERTA... 24

ESSES ETERNOS DEUSES 38

ESTE E O OUTRO LADO 114

EU NADA ENTENDO DA QUESTÃO SOCIAL... 103

EU QUERIA TRAZER-TE UNS VERSOS MUITO LINDOS 32

GESTOS 66

GUERRA 87

HAIKAI DE OUTONO 84

HAIKAI DE OUTONO 84

HAVIA 42

HOJE É OUTRO DIA 79

INCORRIGÍVEL 111

INSCRIÇÃO PARA UM ÔNIBUS 96

INSCRIÇÃO PARA UMA LAREIRA 106

INTÉRPRETES 82

INTRUSÃO 61

K 61

LINHA RETA 59

LIRA I 35

MEMÓRIA 111

MENTIRA? 66

MEU BONDE PASSA PELO MERCADO 97

MINHA MORTE NASCEU QUANDO EU NASCI... 115

MINIPAISAGENS 102

MONOTONIA 34

NA MINHA RUA HÁ UM MENININHO DOENTE... 25

NOTURNO 77

NOTURNO II 73

NOTURNO ARRABALEIRO 74

O ADOLESCENTE 93

O APANHADOR DE POEMAS 120

O AUTORRETRATO 110

O CAMINHO 96

O ETERNO SACRIFÍCIO 122

O IMAGISTA 28

O MENINO E O MILAGRE 26

O POEMA 90

O POETA 79

O POETA COMEÇA O DIA 22

O ÚLTIMO POEMA 124

O ÚLTIMO VIANDANTE 98

O VIAJANTE 95

O VISITANTE MATINAL 79

OBSESSÃO DO MAR OCEANO 44

OS INTERMEDIÁRIOS 67

OS PÉS 94

OS POEMAS 19

OS VIRA-LUAS 74

PAUSA 75

PAZ 88

PAZ 96

PEDRA ROLADA 71

PEQUENO POEMA DE APÓS CHUVA 55

PEQUENO POEMA DIDÁTICO 27

POEMA DA GARE DE ASTAPOVO 99

POEMA OUVINDO O NOTICIOSO 81

POEMA PARA UMA EXPOSIÇÃO 85

POEMA TRANSITÓRIO 39

POEMINHA DO CONTRA 58

POESIA 84

PORTO PARADO 47

PREPARATIVOS PARA A VIAGEM 95

PROJETO DE PREFÁCIO 17

QUANDO EU MORRER E NO FRESCOR DE LUA... 112

QUE BOM FICAR ASSIM, HORAS INTEIRAS... 113

RECORDO AINDA... E NADA MAIS ME IMPORTA... 107

REVELAÇÃO 53

RITMO 121

RUÍNAS & CONSTRUÇÕES 86

SEISCENTOS E SESSENTA E SEIS 109

SEMPRE 31

SILÊNCIOS 88

SONETO 117

SONHO 80

TRECHO DE DIÁRIO 72

TRISTEZA DE ESCREVER 18

TROVA 80

UM DIA ACORDARÁS 78

UMA ALEGRIA PARA SEMPRE 56

VENTO 82

VERÃO 48

VERÃO 48

VIVÊNCIAS 86

VIVER 46

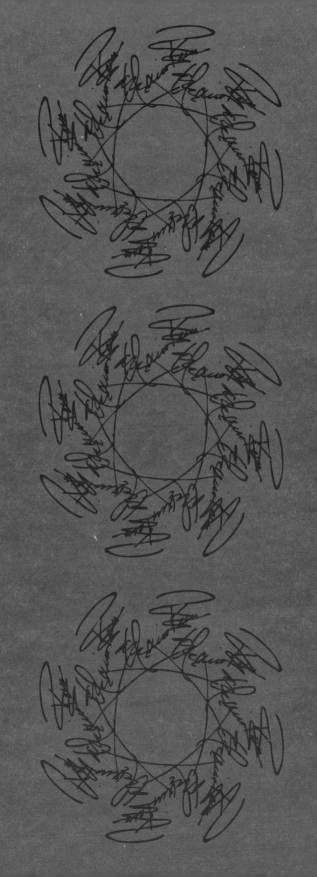